本书得到了北京旅游发展研究基地项目"旅游业投融资研究"、科技创新平台项目"企业财务行为与国际化战略研究"及创新团队项目"北京世界一流旅游城市建设与管理"的资助。

中国上市旅游企业社会责任披露与分析研究报告

中国第一部研究旅游企业社会责任的核心报告

总顾问•王立彦

尹美群 张继东•著

旅游教育出版社

·北京·

策　　划：赖春梅
责任编辑：赖春梅

图书在版编目(CIP)数据

中国上市旅游企业社会责任披露与分析研究报告 / 尹美群，张继东著. --北京：旅游教育出版社，2015.1

ISBN 978-7-5637-3046-9

Ⅰ.①中… Ⅱ.①尹…②张… Ⅲ.①旅游企业—企业责任—社会责任—研究报告—中国 Ⅳ.①F592.6

中国版本图书馆CIP数据核字(2014)第237884号

中国上市旅游企业社会责任披露与分析研究报告

王立彦　总顾问

尹美群　张继东　著

出版单位	旅游教育出版社
地　　址	北京市朝阳区定福庄南里1号
邮　　编	100024
发行电话	(010)65778403　65728372　65767462(传真)
本社网址	www.tepcb.com
E-mail	tepfx@163.com
印刷单位	北京京华虎彩印刷有限公司
经销单位	新华书店
开　　本	880毫米×1230毫米　1/16
印　　张	2.5
字　　数	31千字
版　　次	2015年1月第1版
印　　次	2015年1月第1次印刷
定　　价	25.00元

(图书如有装订差错请与发行部联系)

作者简介

尹美群，博士，北京第二外国语学院教授，硕士生导师。中国会计学会会计教育专业委员会委员、美国会计学会会员、注册会计师。曾于美国、瑞典、芬兰、丹麦等国家从事会计学与计量经济学的学术研究。曾先后获得中国人民大学优秀博士论文奖、北京市中青年骨干教师、北京第二外国语学院科研成果一等奖、二等奖等奖励和荣誉称号。

主要研究领域为资本市场财务问题、价值评估、风险管理等。主持国家社科基金、教育部人文社科基金、教育部留学回国人员科研启动基金、北京市哲学社会科学规划等项目多项。在《管理世界》《会计研究》《财经理论与实践》等专业期刊发表论文30多篇，出版专著和译著多部。

张继东，北京大学光华管理学院会计学博士，荷兰莱顿大学高级计算科学学院博士后，拥有法律与管理双学士学位、软件工程硕士学位。现任美国加利福尼亚州立大学富勒顿分校会计系讲师。担任北京第二外国语学院国际会计与财务研究中心研究员、美国注册管理会计师（IMA）协会学术关系委员会委员、美国注册管理会计师协会（IMA）研究基金管理委员会委员。在《管理世界》、《中国会计评论》、《经济科学》、Chinese Economy等国内外学术期刊以及美国会计学会年会（AAA）、美国管理学会年会（AOM）、美国管理信息系统学会年会（AMCIS）、欧洲管理信息系统学会年会（EMCIS）发表论文、报告数十篇。出版旅游研究领域著作《旅游企业投融资研究》和《中国旅游投融资区域差异分析》。

声明与致谢

本研究报告是关于"中国上市旅游企业的社会责任报告披露分析"的研究成果,由北京第二外国语学院国际会计与财务研究中心经过一年多的努力完成。本报告获得了北京大学光华管理学院责任与社会价值中心的鼎力支持。此研究报告不代表任何方面的意见与观点,仅仅作为本中心的学术研究成果发布。所有文责都由本中心负责。

北京第二外国语学院国际会计与财务研究中心是依托北京第二外国语学院的独立的学术研究机构,我们秉承学术中立、百家争鸣的研究原则。研究中心没有任何的政府、企业与产业的资助与背景,作为独立机构从事自己的学术研究,发表自己的学术观点。本报告中所有的样本都来自中国沪深两市上市公司中的旅游企业,所有数据都来自这些旅游企业自己公开披露的文件,所有的结论都是基于公开数据与资料做出的学术的判断与团队的见解。我们欢迎来自社会各方面的意见、批评与建议,这些意见与建议只会对我们未来研究有益无害。本报告的撰写得到了北京大学光华管理学院责任与社会价值研究中心的王立彦教授的支持与帮助,在此表示由衷感谢。同时,感谢北京旅游发展研究基地的支持,感谢北京第二外国语学院国际会计与财务研究中心的研究团队成员付出的辛勤劳动与幕后工作,感谢陈琪、董阳、王伟强、刘帆、王璋与赵刚等同学为本研究报告的写作收集了大量的资料。

自 序

根据中国旅游研究院报告显示,2013年中国旅游经济国内旅游收入2.6万亿元,同比增长14%;2013年国内旅游人数33亿人次,同比增长11.6%;2013年我国入境旅游1.29亿人次,旅游外汇收入480亿美元;2013年我国出境旅游人数9800万人次,同比增长18%;出境旅游花费1200亿美元,同比增长20%。我国旅游经济依然是国民经济产业中最具有活力和"获利"的产业。在产业发展进入井喷时期,过度的产业投资与经营热情也会把产业过剩投资与产业链负面效应带入失控的地步。国内房地产业与太阳能产业的发展历程已经给我们结结实实地上了一课。作为独立与中立的学术研究工作者,我们认为有必要在旅游产业快速发展期站出来,为旅游产业发展从理论与政策上建言献策。我们借鉴国外发达国家的成熟产业经验与政策意见，认为在产业发展上升期就需要介入规范的政府与社会双重的管理、约束与监督机制，而不能等待产业发展成熟、社会问题形成的时候再着手处理解决，那样不仅对社会资源是一种涸泽而渔的心态，也是对整个经济社会发展与产业结构不负责任的一种态度。

中国旅游经济最近几年的快速发展引发的社会与民生问题已经凸显。比如旅游企业的不规范经营引发的社会问题、旅游整个产业不正当竞争引发的民生问题、旅游景点建设与改造带来的社会冲突问题，以及整个旅游产业过度狂欢带来的投资过剩问题等。这些旅游经济的负面效应，反映出政府与社会缺乏经济化的、合理的、非行政化的管理、监督与约束机制。政府与社会的传统的行政化管理与约束，往往加速恶化了产业引发的社会问题——我们已经看到中国的山寨"狮身人面像"成为人们茶余饭后的笑料，轰轰烈烈的奥运会之后，"鸟巢"变成真的鸟巢，看到了奥运停车场上大面积的荒草。

旅游产业发展与环境、自然、社区的融合，需要社

自 序

会机制的约束、管理与监督。这类监督、约束与管理体系在国外已经成熟发展多年，效果显著，在我们国内也有部分规制开始运作实施。我们研究的目的是总结目前国内约束机制运行的现状，分析当前存在的问题，提出我们自己的一些见解。但是，这套社会监督、约束与管理体系需要的是全社会的参与和管理，仅凭学者一己之力无以成型。我们希望社会与产业更多地了解目前的状况和问题，督促社会重视与管理这套体系。这套社会对于产业的监督、约束与管理体系，被称之为"企业社会责任报告"。

目 录

第一篇　中国旅游企业社会责任报告披露与研究 / 01

第二篇　旅行社企业社会责任与报告披露 / 37

第三篇　酒店与度假村企业社会责任与报告披露 / 47

第四篇　景区与景点企业社会责任与报告披露 / 53

第五篇　建议与意见 / 61

第一篇 中国旅游企业社会责任报告披露与研究

中国上市旅游企业 社会责任 披露与分析研究报告

　　企业社会责任报告是企业就其履行社会责任的理念、制度、措施和绩效所进行的系统信息披露，是企业与其利益相关方进行全面沟通交流的重要过程和载体，也是企业非财务信息披露的主要方式。深圳证券交易所早在2006年就发布了《深圳证券交易所上市公司社会责任指引》，鼓励上市公司承担社会责任，积极披露社会责任信息。而在这方面，华侨城A（000069）为业界做出了表率，该企业自2007年开始至今，连续7年发布社会责任报告，第一份社会责任报告名为《企业社会责任报告（1997—2007）》，反思和回顾了企业过往社会责任的执行情况，并对未来做出了规划和展望。上海证券交易所于2008年发布《上海证券交易所上市公司环境信息披露指引》，对上市公司环境信息披露做出了明确的要求。该《环境信息披露指引》发布之后，中青旅（600138）、金陵饭店（601007）于2010年分别发布了企业社会责任报告，其中金陵饭店明确披露了自然环境资源方面的社会责任执行状况。另外，国务院国有资产监督管理委员会也明确要求中央企业披露社会责任，并于2008年1月发布一号文件《中央企业履行社会责任指导意见》，呼吁

第一篇 | 中国旅游企业社会责任报告披露与研究

央企编制社会责任报告,制定社会责任规划,建立社会责任治理机构,构建社会责任管理体系。

由于深圳证券交易所在2006年发布了《深圳证券交易所上市公司社会责任指引》,所以本书对旅游类上市公司社会责任报告的统计区间为2007—2013年,该类企业的第一份社会责任报告产生自华侨城A(000069)《企业社会责任报告(1997—2007)》。经统计,中国目前共有旅游类上市公司34家,经公开渠道披露或曾经披露过社会责任报告的公司共8家,占旅游类公司总数的23.5%,产生社会责任报告28篇。具体统计结果如下:

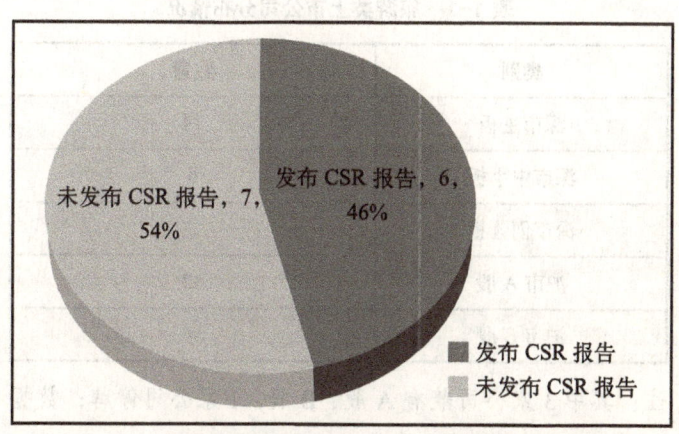

图1-1 中国上市旅行社发布企业社会责任报告情况

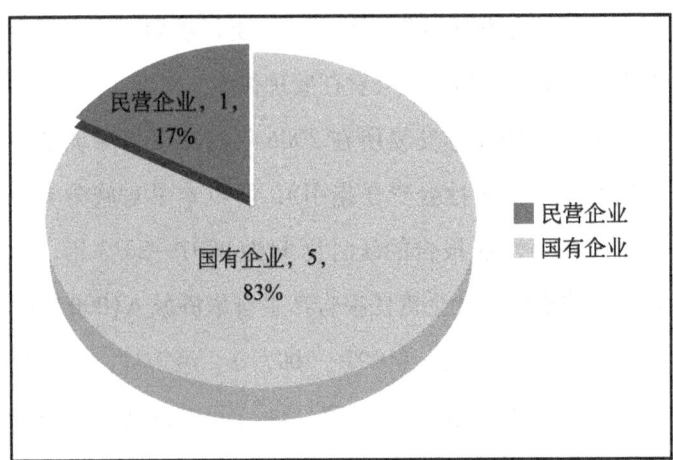

图1-2 中国发布企业社会责任报告的上市旅行社企业性质

表1-1 旅游类上市公司分布情况

类别	数量
深市主板	14
深市中小板	6
深市创业板	2
沪市A股	12
沪市B股	4

注：其中3家公司兼有A股、B股，1家公司停牌；数据来源于CSMAR数据库。

|第一篇| 中国旅游企业社会责任报告披露与研究

表1-2 社会责任报告披露情况

股票代码	公司简称	报告总数	报告年份
000069	华侨城A	7	2007—2013
000978	桂林旅游	1	2006
002033	丽江旅游	5	2008—2013
002186	全聚德	1	2007
600138	中青旅	6	2008—2013
600749	西藏旅游	1	2012
601007	金陵饭店	4	2010—2013
601888	中国国旅	3	2011—2013

注：1. 丽江旅游2009年未公开披露社会责任报告；
 2. 各公司社会责任报告均来自于巨潮资讯和公司官网。

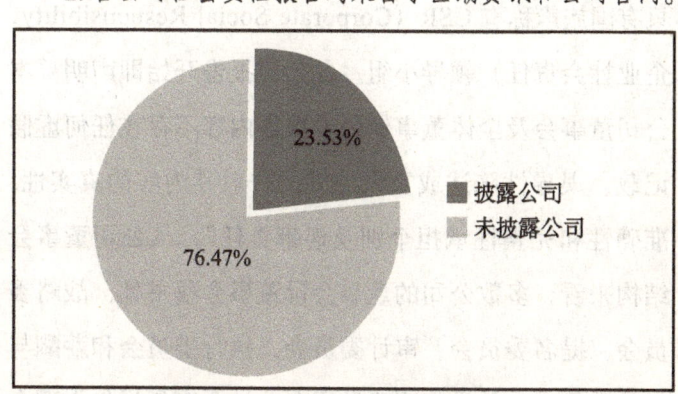

图1-3 社会责任报告披露情况

我们调查旅游类上市公司社会责任报告后发现，各家公司社会责任报告的质量参差不齐，披露的项目也存在差异，社会责任的履行状况有待进一步的分析。

一、管理责任

（一）建立 CSR 管理机构

从已披露的企业社会责任报告和对公司内部治理架构的调查来看，多数公司的社会责任报告由董事会披露，只有国旅声称有 CSR（Corporate Social Responsibility，企业社会责任）领导小组。各公司报告开始即声明"本公司董事会及全体董事保证本报告内容不存在任何虚假记载、误导性陈述或重大遗漏，并对其内容的真实性、准确性和完整性承担个别及连带责任"。从公司董事会结构来看，多数公司的董事会设董事会秘书处、战略委员会、提名委员会、审计委员会、执行委员会和薪酬与考核委员会，并没有明确披露企业社会责任报告由哪个部门起草并最终提交董事会审核通过。我国企业社会责任披露制度起步较晚,从 2006 年起才开始由深交所牵头要求企业披露社会责任,2011 年国家标准委宣布制定社会责任国家标准并委托中国标准化研究院编制。目前我国上市公司对社会责任的理解还不是十分全面,并没有将社会责任提高到企业战略和长远发展目标的高度上,没有建立明确的机构负责社会责任的贯彻且将其与企业战略和企业文化进行有效的融合。

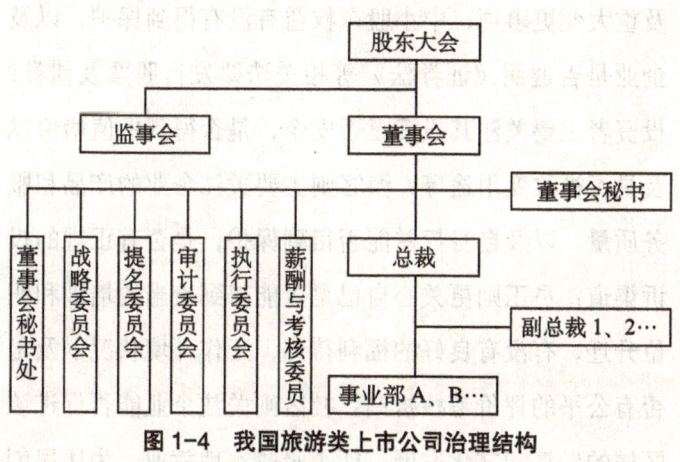

图 1-4 我国旅游类上市公司治理结构

（二）明确利益相关方

从已披露的企业社会责任报告来看，我国旅游类上市公司对利益相关方的定义与传统财务报告中的定义基本相同。其中，政府机构主要关注企业是否促进了旅游行业的健康发展以及是否依法纳税、依法经营；证券监管机构主要关注企业是否及时准确地披露企业财务状况及重大变更事项，中小股东权益有没有得到保护，以及企业是否遵照《证券法》等相关法律发行股票及债券；投资者主要关注其投资是否安全，是否得到保值增值以及是否被改变用途等；游客则主要关注企业的产品和服务质量，以及自身权益能否得到保护，是否有正规的投诉渠道；员工则更关心自己是否能得到恰当的培训和职位升迁，有没有良好的福利待遇，工作环境状况以及是否有公平的评价考核机制；社区则关注企业能否促进该区域的经济和文化发展，能否吸收本地就业，为居民创造更好的生活环境和工作机遇，及时足额地缴纳税收，积极投身于社区慈善和社区活动，建设和谐的社区环境；

| 第一篇 | 中国旅游企业社会责任报告披露与研究

最后，同行业的其他企业关注是否存在公平有序的竞争环境，企业间是否有机会进行经验交流以促进旅游产业更好的发展。

综上所述，对利益相关者的明确可以为企业履行社会责任指明正确的方向，帮助企业合理地整合企业战略、企业文化和价值观念，建立和谐的员工关系，构建和谐有序的社区环境和行业竞争环境。

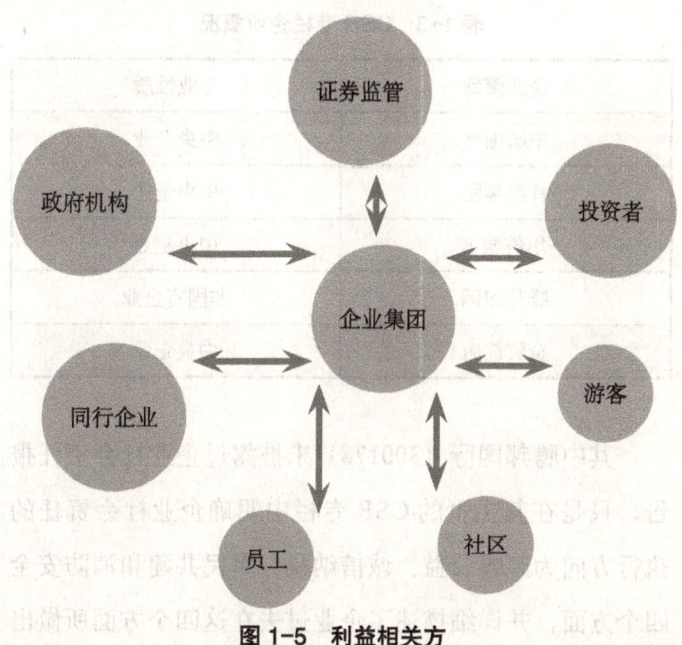

图1-5 利益相关方

(三)公司主页上是否有 CSR 专栏

通过我们对 34 家旅游类上市公司主页的浏览和调查,我们发现只有 5 家企业有明确的社会责任专栏,如表 1-3 所示:

表 1-3　CSR 专栏企业概况

企业简称	企业性质
中国国旅	中央企业
首旅集团	中央企业
华侨城 A	中央企业
腾邦国际	非国有企业
金陵饭店	中央企业

其中腾邦国际(300178)未披露过企业社会责任报告,只是在其主页的 CSR 专栏中明确企业社会责任的执行方向为慈善公益、诚信纳税、军民共建和消防安全四个方面,并详细描述了企业过去在这四个方面所做出

第一篇 | 中国旅游企业社会责任报告披露与研究

的努力,这也在一定程度上为民营旅游类上市公司做出了表率。另外4家中央企业,首旅集团(600258)没有发布过社会责任报告,只是描述了企业近年来所从事的公益和慈善事业;中国国旅(601888)至2013年发布了3份社会责任报告,金陵饭店(601007)发布了4份,华侨城A(000069)发布了7份,基本符合国务院2008年一号文件《中央企业履行社会责任指导意见》的基本精神。

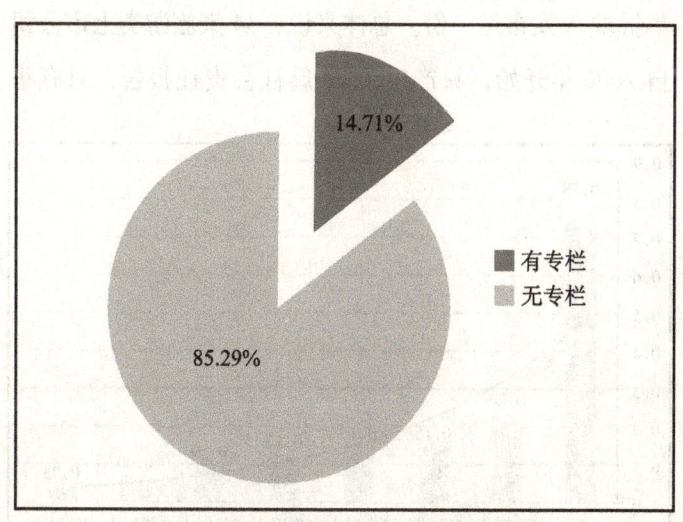

图1-6 旅游企业CSR专栏建设情况

(四) 发布第几份社会责任报告

从巨潮资讯、CSMAR 数据库和对企业网站的浏览，我们共找到 8 家发布社会责任报告的企业（见表 1-2、图 1-7）。其中，桂林旅游、全聚德和西藏旅游只发布过 1 份社会责任报告，中国国旅发布过 3 份，金陵饭店发布过 4 份，丽江旅游发布过 5 份，中青旅发布过 6 份，华侨城 A 发布过 7 份。总体来说，34 家旅游类上市公司自 2006 年开始，只产生了 28 篇社会责任报告，只有华

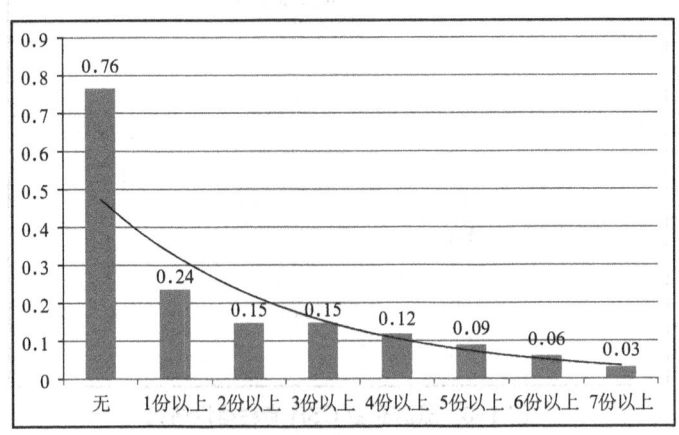

图 1-7　旅游类企业社会责任报告发布情况

第一篇 中国旅游企业社会责任报告披露与研究

侨城 1 家企业自 2006 年深交所发布《深圳证券交易所上市公司社会责任指引》以后连续 7 年不间断披露企业社会责任执行情况。统计情况说明我国企业社会责任报告制度和社会责任系统建设需要进一步的完善和发展。

(五) 是否披露负面信息

从已发布的 28 篇社会责任报告中,我们发现无一披露企业负面信息,只有中国国旅的社会责任报告中披露了其报告中未涉及的领域和指标,但只标明"未涉及",并未说明原因。可见我国企业的社会责任报告并未按照完整的指标体系进行逐项披露,而只是将方便易得的正面信息对外公布,较之真正意义上的社会责任报告,已发布的社会责任报告更像是企业的宣传资料和形象工程。

(六) 投资者保护

已发布的社会责任报告中,都十分注重强调对股东利益的维护，中青旅还详细地将其细化为"每股社会贡献值＝每股收益＋（纳税额＋职工费用＋利息支出＋公益投入总额）/期末总股本"，量化后进行进一步的说明，较之其他报告中概括性的陈述有所进步；然而对债权人利益的保护，只有金陵饭店的4份社会责任报告以及全聚德（1份）和桂林旅游（1份）的社会责任报告中有所提及，但并未做更详细的说明，由此表明我国企业对债权人利益的保护还不够重视。

我们选取了34家旅游类上市公司2009年至2013年总计5年的公司年报数据，从已发布的2013年度企业年报中，我们发现每股收益增长率为负的企业总计19家，占旅游类上市公司总数的55.88%。另外我们通过进一步的分析统计数据发现，每股收益减少50%以上的企业有9家，减少100%以上造成当年每股收益为负的企业有2家（图1-8）。综合2009年至2013年总计5年的数据，我们发现每股收益年平均增长率为负的企业有15家，占到该类企业总数的44.11%，可见我国旅游类企业自2008年以后业绩出现显著下滑，对股东投资保值增值的要求很难满足。另外从图1-9中我们看到，2013年

EPS（Earning per Share）负增长的企业占旅游类企业总数的 55.88%，连续 2 年负增长的企业占总数的 35.29%，连续 3 年负增长的企业占总数的 17.65%，而连续 4 年 EPS 都负增长的企业占企业总数的 11.76%，业绩下滑的势头比较明显。

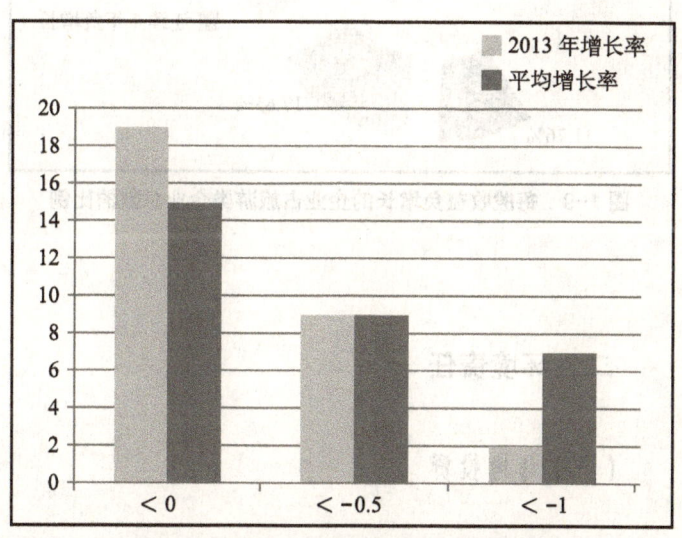

图 1-8　每股收益增长率为负的企业数量

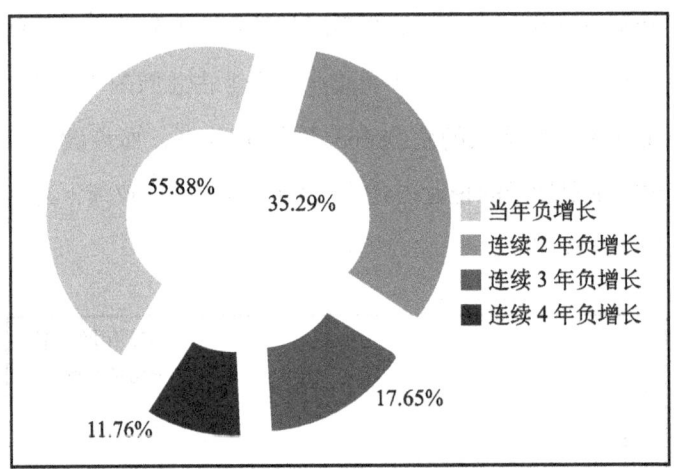

图 1-9 每股收益负增长的企业占旅游类企业总数的比例

二、环境责任

（一）环境投资

在已发布社会责任报告的企业中，中青旅披露其对乌镇的投资开发，在坚持对古镇古街保护的前提下，适度地开发旅游资源；中国国旅披露其每年大量的投资用于绿色产品、绿色工程和绿色办公；金陵饭店披露其在

第一篇 | 中国旅游企业社会责任报告披露与研究

饭店扩建工程中加大环境投资，并在日常经营中实施绿色经营、绿色管理；丽江旅游披露其每年从索道收入中提取环境基金，用于对玉龙雪山的环保投资；华侨城披露了其对公园水处理系统的投资以及对社区绿化的投资，还披露了云南华侨城电厂能源综合利用投资项目；桂林旅游、全聚德和西藏旅游也披露了其对环境保护的大力投资。另外，在没有披露社会责任报告但在公司主页设有 CSR 专栏的企业中，首旅集团简要地提到其在低碳与节能环保领域加大了投资。

（二）环保公益活动

通过对已发布的社会责任报告的梳理，我们发现企业从事环保公益的形式多种多样。中青旅的环保公益举措包括承办环保公益类会议，在旅行过程中向游客进行环保公益类主题宣传，举办环保公益游以及对古镇的积极保护；而国旅的环保公益活动则主要面向企业内部，培养员工的环保公益意识；华侨城通过社区投资、公园以及游乐城投资，加大环保公益类宣传，帮助社区改建电厂、水处理系统和垃圾处理系统，投身于社区和社会公益；丽江旅游通过建立玉龙雪山环保公益项目，大力向游客宣传环保公益；西藏旅游则积极配合民间社会团体及政府组织开展自然公益调查，保护高原濒危生物物种。另外，其他企业也都采取了不同形式的环保公益活动来加大环保宣传的力度。

在已披露社会责任报告的企业中，旅行社类企业在节约资源能源方面所做的主要努力集中在绿色办公、绿色采购和绿色管理上，与之相比，景区景点类企业则主要强调自己对清洁环保能源的利用和低碳环保建筑的开发，而酒店类企业则更加强调水资源的循环利用、节电节能以及绿色采购、绿色管理和环保扩建。这些披露与环保公益活动相关的社会责任报告，其共同的特点是对可持续发展进行了概念性的陈述，披露的内容和措辞都较为笼统。西藏旅游和丽江旅游较多地披露了电力建设的细节，金陵饭店的披露重点主要集中于污水处理和酒店扩建，华侨城作为三种业态并存的旅游类代表性企业，详细地披露了其污水处理、电力改造、景区建设、社区绿化以及节能宣传等方面的具体实践。

（三）减排降污

从已披露社会责任报告的企业来看，其减排降污的举措主要集中于电力改造、清洁能源推广、污水循环处理、绿色广告媒介、绿色采购、绿色管理、绿色办公以及环保扩建、环保建筑等领域；另外，部分企业还加大了垃圾处理的力度，改造垃圾处理方式。具体如表1-4所示：

表1-4　企业所采取的减排降污措施

项目	披露了具体措施的企业
电力改造	西藏旅游、丽江旅游、华侨城
清洁能源推广	西藏旅游、丽江旅游、桂林旅游、全聚德、华侨城、金陵饭店
污水循环处理	华侨城、金陵饭店、桂林旅游
绿色广告媒介	华侨城、中青旅、中国国旅
绿色采购	中青旅、中国国旅、全聚德、金陵饭店、桂林旅游

续表

项目	披露了具体措施的企业
绿色管理	中青旅、中国国旅、全聚德、金陵饭店、桂林旅游、华侨城
绿色办公	中青旅、中国国旅
环保扩建	金陵饭店、桂林旅游、华侨城
环保建筑	西藏旅游、桂林旅游、华侨城、金陵饭店、中青旅
改造垃圾处理	西藏旅游、桂林旅游、华侨城、金陵饭店、丽江旅游

注：上表所有数据来源于企业社会责任报告的具体内容。

三、员工责任

（一）社保覆盖率

在所有已披露的社会责任报告中，企业都强调依法规范劳动合同签署，为职工足额按时缴纳五险一金。另外，中青旅还披露其为职工缴纳补充医疗保险和人身意

第一篇 | 中国旅游企业社会责任报告披露与研究

外伤害险；金陵饭店为员工缴纳补充医疗保险和意外伤害险等六类商业险种；华侨城建立职工子女助学帮困基金，累计帮助员工子女入学达 80 多人次；丽江旅游建立职工帮困基金，资助困难职工生活；全聚德为职工购买补充医疗保险和意外伤害险，分工种发放劳保用品；西藏旅游则在旺季发放高温补贴和旺季补贴，并在旺季配发水果。见表 1-5。

表 1-5　企业社会保障情况

企业简称	除五险一金外的其他保障项目
中青旅	补充医疗保险和人身意外伤害险
金陵饭店	补充医疗保险和意外伤害险等六类商业险种
华侨城	职工子女助学帮困基金
丽江旅游	职工帮困基金
全聚德	补充医疗保险和意外伤害险，分工种发放劳保用品
西藏旅游	旺季发放高温补贴和旺季补贴，旺季配发水果

注：上表所有数据来源于企业社会责任报告的具体内容。

(二)男女员工比例

在多数社会责任报告中,企业均申明企业内部男女员工机会平等,重视女员工职业发展,并对女员工采取特殊劳动保护政策,但只有中国国旅和华侨城两家企业披露了具体的男女员工比例。其中,中国国旅的女员工占员工总人数的61%,并进一步披露企业雇佣了约4.1%的少数民族员工和0.32%的残障员工,披露的十分全面;华侨城则全面披露每年新招聘的女员工数量和累计女员工比例,以2013年为例,新进女员工比例为41%,累计女员工比例为39.7%,另外进一步披露企业招聘了大约8%的少数民族员工。

(三)兼职、临时工的权益保护

在所有已发布的28份社会责任报告中,无一企业披露这方面的信息。每份报告都只是强调了企业严格按照劳动合同规范用人行为,人员薪资以公平的绩效考评

第一篇 中国旅游企业社会责任报告披露与研究

为准则，企业内部不存在歧视任何类别员工的行为。至于正式员工与兼职、临时工的薪资和社会保障差别有多大，企业没有做进一步的陈述。

（四）职业健康培训和员工体验

通过对企业社会责任报告的梳理，我们发现在职业健康培训和员工体验方面，各公司之间既有共同点又有各自的特点。中青旅在企业内建立员工文娱俱乐部，平均每年拿出80万元左右的资金用于员工健康管理，平均每年拿出40万元用于员工培训，为新进职工提供住宿，并且努力营造健康舒适的工作环境，2013年社会责任报告还强调在公司内禁烟。中国国旅也在公司内积极推进体育文娱活动，贯彻员工自我治理理念，不断改善办公环境，并且对员工区分层次和范围进行合理恰当的培训，培训率达到100%全员覆盖。华侨城在企业内部举办龙舟大赛等体育赛事，引进哈佛在线学习，建立"航"系列人才培养机制，建立员工心理咨询中心等健康机构，还每年举办华侨城春晚。桂林旅游则主要强调对女员工

中国上市旅游企业 社会责任 披露与分析研究报告

实行特殊劳动保护,组织员工定期体检,并且建立了一套经过ISO9001和ISO14001质量体系认证的安全管理制度以减少职业危害。金陵饭店截至2013年底派出60余人赴海外长期研修,86人赴普渡大学学习,在企业内部开展主题培训、网络培训和团队拓展训练等,开展多种形式的文娱活动,建立员工医务保健室用于员工免费体检。丽江旅游在企业内开展文娱活动,员工可以到图书馆借阅图书,公司组织生产安全培训,努力为员工营造健康安全的生活环境,男员工每两年进行一次体检,女员工一年一次,所有员工婚丧、伤病和生育领导必访。全聚德对员工定期体检建立健康档案,对各工种进行特殊劳动保护,建立了一套基于ISO9001/14001/22000标准的全面控制系统用于量化噪音、通风、温度、照明和卫生等操作环节的管理,建立全聚德餐饮管理学院、培训中心,培训率达469%。西藏旅游则在旺季为员工配发水果,进行人员本地化建设,藏族员工达75%以上,并安排员工到西藏大学学习,外派员工至其他景区进行经验交流和培训。

第一篇 | 中国旅游企业社会责任报告披露与研究

（五）女性管理者比例

在所有已公开公布的 28 份社会责任报告中，只有中国国旅的社会责任报告中公布了其女性管理者的比例在 11% 到 13% 之间，其他公司未予披露。而根据我们对公司年报的数据统计，8 家已披露社会责任报告的企业中女高管人数占所有高管人数的比例平均为 19.41%，如表 1-6 所示：

表 1-6 女性高管比例

企业简称	女高管人数	占所有高管比例
中青旅	4	15.38%
中国国旅	4	19.05%
华侨城	2	9.52%
金陵饭店	3	16.67%
丽江旅游	5	17.86%
桂林旅游	4	21.05%

续表

企业简称	女高管人数	占所有高管比例
西藏旅游	5	29.41%
全聚德	5	26.32%
平均	4	19.41%

注：上表所有数据均来自于巨潮资讯和CSMAR数据库。

（六）员工满意度和流失率

从已披露的社会责任报告来看，只有金陵饭店披露了员工的流失率为5%左右，并表示行业的平均员工流失率在38%左右。在员工满意度方面，各企业的披露参差不齐，都声明自己建立了科学的薪酬体系和公平完善的绩效考核制度，员工参与决策，民主管理。其中，中国国旅和桂林旅游披露其工会组织和薪酬考核部门有良好的沟通，可以充分维护员工权益；国旅和全聚德严格执行带薪年假制度；国旅披露其职工满意度为94%，金陵饭店披露其职工满意度为96.75%；金陵饭店每年收集到600余条员工意见反馈，54%被采纳；丽江旅游披露其监事会中有 2 名职工代表，定期进行员工座谈和满意度调查；全聚德披露其已连续 5 年进行劳动人事分配改革，西藏旅游披露其林芝分公司的工资涨幅为 20%，并在雅鲁藏布大峡谷景区建有专门的职工宿舍楼；华侨城开通总经理博客和信箱，充分听取员工意见。

四、市场责任

（一）客户关系管理

表 1-7　客户关系管理

公司简称	具体方案和做法
中青旅	1. 与供应商建立透明共赢的合作关系，绝不拖欠供货商货款 2. 签订阳光条款，拒绝商业贿赂
中国国旅	1. 定期举行出境游供货商会议 2. 与国航深化战略合作 3. 与品牌供应商和免税店建立长期合作机制

续表

公司简称	具体方案和做法
金陵饭店	1. 互惠互利,与供应商建立长期合作关系
	2. 与供应商进行经验交流,协助供应商解决技术难题
	3. 对供应商进行每月质量、信誉、价格和速度评估
丽江旅游	1. 坚持平等协商、互利共赢的原则,积极选择与资质信誉优良、产品和服务良好的供货商建立长期战略合作关系
	2. 按照统一管理、动态考核、扶优汰劣的原则建立供货商全生命周期管理体系
	3. 与优秀的具有行业代表性的供货商建立相对稳定的战略合作伙伴关系
	4. 通过每年的筛选和年终考核,对旅行社进行优胜劣汰,对净化丽江旅游市场起到积极作用
	5. 每年不定期组织与旅行社的联谊活动,加强双方联系,并对双方在游客接待工作中的事宜进行磋商讨论,进一步强化合作
华侨城	1. 不断尝试改善供应链管理现状,促进上下游企业共同实现环境友好型企业的目标
	2. 完善统一采购制度,加强与供应商之间的定期沟通机制,建立供应商分类管理制度,淘汰不合格供应商,推动供应链上下游企业共同履行产品质量管理规范

续表

公司简称	具体方案和做法
桂林旅游	1. 建立合格供应商的评审、采购、不合格品的控制等程序
	2. 把不合格、无资质、信誉不好的供应商拒之门外
	3. 建立保密制度,严格保守公司及供应商、客户和消费者的商业秘密
西藏旅游	——
全聚德	1. 公司与供应商保持互惠互利、合作共赢的良性关系,公司制定了供应商准入制度
	2. 实施公开招标,使供应商间形成公平竞争、优胜劣汰的机制
	3. 积极开展治理商业贿赂专项工作

(二)服务质量管理

表1-8 服务质量管理

公司简称	具体方案和做法
中青旅	1. 尽量避开灾害天气对出境游的影响
	2. 创新产品,并开展诚信年活动
	3. 保障游客安全,应对突发事件

续表

公司简称	具体方案和做法
中国国旅	1. 与中免公司合作提供游客购物保障一条龙服务
	2. 设北京、广东、福建三个预订中心
	3. 建立投诉和质量管理流程与约束处罚机制
	4. 创新特色产品，如"美酒与文化遗产"等
	5. 建立会员俱乐部
金陵饭店	1. 严控成本费用，重视创新研发
	2. 与全球旅游技术领导者PEGASUS、EXPEDIA、HRS、PRICELINE达成战略合作，使金陵预订系统与全球GDS分销巨擘实现"无缝连接"
	3. 将客人点击率最高的菜肴列入金陵菜谱，深入挖掘餐饮文化特色，提升环境品位和餐饮附加值
	4. 加强原材料源头采购和成本控制，保持服务的领先性、人文性、生态性
	5. 在全国服务业领域率先创立了"细意浓情4-8-32"质量管理模式
	6. 建立宾客意见沟通、反馈、改进机制和立体化、多层次监控考核体系，完善服务质量预警机制、营运质量评价机制、突发事件应急处理机制
丽江旅游	1. 通过每年的筛选和年终考核，对旅行社进行优胜劣汰，对净化丽江旅游市场起到积极作用

第一篇 中国旅游企业社会责任报告披露与研究

续表

公司简称	具体方案和做法
	2. 公司的索道运营标准化管理模式已固化为国家标准,并在全国知名的16个景区和索道公司中得到推广
	3. 培养员工对消费者权利的保护理念与服务意识,定期组织员工培训
	4. 加强安全生产管理,确保索道安全运行
华侨城	1. 创新产品开发,满足消费者多元需求
	2. 开发精品主题公园
	3. 开展服务标准、服务监督、服务营销、服务激励四大创新活动
	4. 建立 APP 平台,融入科技创新元素
	5. 创新民俗文化度假游产品
	6. 推行企业内部质量管理提升,进一步完善产品品质内部控制体系
桂林旅游	1. 建立安全保障制度
	2. 建立顾客接待、服务质量评定、顾客投诉与抱怨处理控制程序和顾客满意度调查程序
	3. 提升服务与产品档次,塑造品牌形象
	4. 建立保密制度,严格保守公司及供应商、客户和消费者的商业秘密

续表

公司简称	具体方案和做法
西藏旅游	1. 景区建立健全了《景区服务规范》、《景区安全救援应急预案》等规章制度，从制度上保障景区安全有序运营
	2. 净化旅游环境，提升旅游服务水平
	3. 开展旅游服务，加强基础建设，使景区各方面均达到或高于 AAAA 级景区标准
	4. 通过设立品监部和旅游咨询电话，加强与游客的沟通，通过满意度调查改善接待设施及流程，提升服务质量
	5. 坚持人道救援意识，尽一切可能救援和帮助游客
全聚德	1. 构建质量/食品安全/环境（即 ISO9001/22000/14001）三合一的管理体系
	2. 建立和完善客户管理体系，维系与消费者的和谐关系
	3. 建立"客户沟通渠道保障"系统，开设了 400 热线服务电话

第一篇 | 中国旅游企业社会责任报告披露与研究

(三) 责任采购制度

在责任采购制度的建立方面,各家公司披露的信息基本一致,说法也大致相似。中青旅积极建立内部采购管理制度;金陵饭店建立了公开透明、优质高效、防范风险的采购管理体系,建立了金陵饭店物流采购体系和管理体系,与供应商实现网上交易;华侨城建立完善了统一采购制度,加强与供应商之间的定期沟通机制,建立供应商分类管理制度,淘汰不合格供应商,推动供应链上下游企业共同履行产品质量管理规范。另外,各家企业都强调严禁商业贿赂和关系买卖。

(四) 公平竞争机制

在已披露的社会责任报告中,中青旅坚持诚实信用、公平交易,建立完善的招标采购体系,金陵饭店也同样进行公开招标和阳光采购;全聚德披露其实施公开招标,努力使供应商间形成公平竞争、优胜劣汰的机制,并积极开展治理商业贿赂专项工作。除此三家外，其他披露公平竞争机制的公司社会责任报告，都是呼吁建立公平合理的行业环境，将旅游、文化和环境资源有机的结合，促进景区景点、社区和社会自然环境的和谐发展，促进整个旅游产业的有序发展和进步。

（五）合同履约率

对于合同履约率的披露，在社会责任报告中较少提及。中青旅提到企业建立内部采购管理制度，按时履行合约，绝不拖欠供货商货款；金陵饭店提到优化产业链、强化供应链、延伸价值链，与供应商建立长期合作关系，建立金陵饭店物流采购体系和管理体系，与供应商实现网上交易。另外，各家公司都提到对供应商进行定期评价与考核，努力使供应商间形成公平竞争、优胜劣汰的机制。

| 第一篇 | 中国旅游企业社会责任报告披露与研究

（六）信用评级

各公司社会责任报告在公司信用方面的披露均是只言片语，中青旅声明决不拖欠供应商供货费用，桂林旅游在社会责任报告中声称公司依法对公司旅游产品进行广告宣传，未有虚假宣传的情况，也绝不存在侵犯知识产权、商业秘密、供货商和顾客隐私的行为。另外，由于8家披露社会责任报告的上市公司全部为中央控股企业，市场认为其有政府信用作为担保，相应的信用评价也会被高估。

第二篇 旅行社企业社会责任与报告披露

旅行社（travel agency）是指以营利为目的，从事为旅游者代办出境、入境和签证手续，招徕、接待旅游者，为旅游者安排食宿等有偿服务活动的企业。世界旅游组织给出的定义为"零售代理机构向公众提供关于可能的旅行、居住和相关服务，包括服务酬金和条件的信息。旅行组织者或批发商在旅游需求提出前，以组织交通运输，预订不同的住宿和提出所有其他服务为旅行和旅居做准备"的行业机构。我国国务院1996年10月15日颁布的《旅行社管理条例》第三条规定：旅行社是指有营利目的，从事为旅游者代办出境、入境和签证手续，招徕、接待旅游者，为旅游者安排食宿等有偿服务的经营活动的企业。最小的旅行社可能只有一人，最大的旅行社则业务触角遍及全球，在世界各地都有分社。中国历年旅行社数量发展情况见图2-1。

根据国泰安数据库中旅游板块的数据筛选，中国上市旅行社企业有13家公司。它们分别是华侨城A（000069）、张家界（000430）、北京旅游（000802）、峨眉山A（000888）、桂林旅游（000978）、丽江旅游（002033）、云南旅游（002059）、黄山旅游（600054）、

| | | 第二篇 | 旅行社企业社会责任与报告披露

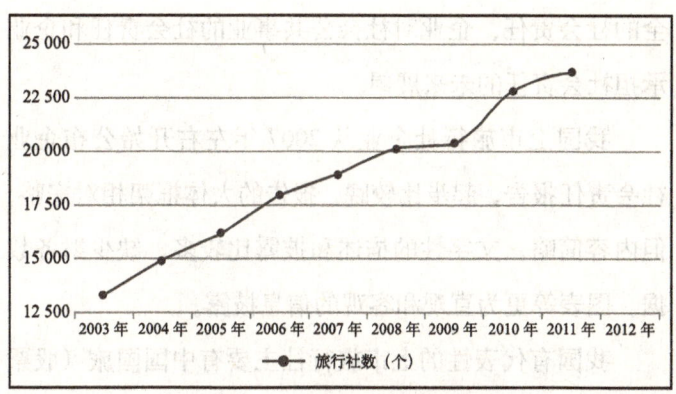

图 2-1　历年中国旅行社数量

中青旅（600138）、大连圣亚（600593）、曲江文旅（600706）、西藏旅游（600749）和中国国旅（601888）。其中只有 6 家企业公布过公司社会责任报告。截至 2013 年底，华侨城 A 总共公布了 7 份社会责任报告；桂林旅游 1 份（2006 年度社会责任报告）、丽江旅游 5 份、中青旅 6 份、西藏旅游 1 份和中国国旅 3 份。从我国上市旅行社企业公布的社会责任报告来看，报告内容主要涉及企业概况、企业的社会责任理念、公司治理、企业对股东的社会责任、企业对员工的社会责任、企业对环境和可持续发展的社会责任、企业对客户及产品质量和安

中国上市旅游企业 社会责任 披露与分析研究报告

全的社会责任、企业对社会公共事业的社会责任和企业承担社会责任的未来展望。

我国上市旅行社企业从 2007 年左右开始公布企业社会责任报告，起步比较晚，报告的大体框架相对完整，但内容简略，文字性的描述和披露比较多，缺少财务数据、图表等更为直观和客观的信息披露。

我国有代表性的上市旅行社主要有中国国旅（股票代码 601888）。在此，以中国国旅的社会责任报告披露状况为例，展示企业社会责任报告披露所涉内容。

（一）企业管理方面

国旅集团成立了企业社会责任工作领导小组，全面统筹企业社会责任工作。国旅集团制定了企业社会责任指标采集体系，确保资料采集工作的系统性、及时性和准确性。国旅集团董事会现由 4 名内部董事组成（含 1 名职工董事）；国旅股份公司董事会由 7 名董事组成，其中股东董事 3 名，独立董事 4 名。2012 年国旅集团董事会共召开会议 6 次，审议通过议案 9 项。国旅股份公

第二篇 旅行社企业社会责任与报告披露

司董事会共召开全体会议 12 次,其中现场会议 10 次,通讯方式会议 2 次,审议通过议案 61 项。国旅集团根据自身条件和外部环境,围绕企业发展战略,2011 年正式推进所属上市公司国旅股份公司的全面内部控制体系建设,建立健全内部控制与风险管理长效机制。2012 年,国旅集团针对规章制度、岗位职责、工作流程等方面自查出的 314 项问题,逐一进行了修改和完善,同时从财务、审计和法务三个重点领域入手,大力推进内控体系建设;认真组织完成上市公司规范运作自查自纠工作,研究制定上市公司与总部的内控缺陷量化标准,建立健全监督体系和评价体系。

(二)环境管理方面

为让游客体验国外的环保生活方式,国旅总社推出绿色低碳游——绿色北欧峡湾巡游自然纯净之旅,使游客在目的地亲身感受北欧各国居民健康自然的生活方式和环保理念。倡导游客体验最流行的北欧式行走,徒步旅行的碳排放量几乎为零。部分行程用自行车取代机动车，减少二氧化碳的排放量。在马尔代夫4晚6日公益之旅活动中请专人为游客讲解生态保护系统，带领游客参与岛上的植树活动。在巴厘岛4晚6天公益之旅中带领游客参与海底种植珊瑚等多项公益活动。

从单位能耗来看，2012年集团万元营业收入能耗（现价）同比下降16.28%，万元营业收入能耗（可比价）同比下降15.38%；万元增加值能耗（现价）同比下降3.78%，万元增加值能耗（可比价）同比下降1.80%。2011年，国旅集团投入节能减排资金共计91万余元。从单位能耗来看，万元增加值能耗（现价）同比降低11.69%，万元增加值能耗（可比价）同比降低7.31%。集团大力提倡夏季用电高峰期将室内空调调高1~2度，践行勤俭节约的办公方式。国旅加强车辆维修和落实"五废"处理，很大程度降低了能源的消耗，经测算平均节油12.6万升，节约资金35万元。国旅大厦还尽量减少公共区域照明数量，随季节调整户外广告灯箱开启时间，并对空调机组、热力站供暖泵、扶梯等设备安装了变频设备，调整了卫生间水嘴、冲洗阀出水量，更好地节约了能源。同时，倡导以电子化办公为主,多使用电子邮件,减少纸张使用,复印纸双面使用,降低办公成本。电器设备在非使用时段采取切断电源、休眠等措施,以减少不必要的电能消耗,实现绿色办公。

(三)员工培训与发展方面

截至2012年底,集团员工总人数为11986人,增长率为9%。2012年集团女性员工人数为7291人,所占比例为61%,增长率为23%。其中在领导层中,女性比例为13%。2012年,集团雇佣的残障员工比例为0.32%,少数民族员工比例4.1%。2009年12月,国旅集团正式成立国旅大学,主要开展中高层管理人员培训,传递公司文化、宣贯公司战略、提升管理能力。2012年国旅大学先后举办了"国旅集团十二五发展规划专题培训"、"管理能力提升培训"等课程的管理人员培训,据统计,全集团有近1000人次接受了课程培训,学员对培训课程的满意度均在94%以上。

（四）客户与供应商管理方面

截至 2012 年底，中国国旅会员俱乐部已在北京、上海等 15 个城市建立了分俱乐部，会员总数已超过 37 万名。2012 年发送会员节日、生日祝福及产品信息短信累计 33 万条，制作《旅行天下》电子会刊共计 46 期，累计发送总量达到 1700 万人次。截至 2011 年底，国旅总社统一采购与分销海洋邮轮项目共计 5320 人，较 2010 年增加 3557 人，增长了 202%。国旅总社与世界著名的旅游度假机构地中海俱乐部（CLUB MED）建立合作关系以来，开发了多渠道销售，统一采购与分销度假产品。2011 年底，国旅总社正式升级为地中海俱乐部的金牌代理。在上海世博会期间，中免公司（中国免税品有限责任公司，国旅股份公司的子公司）联合 43 个合作品牌共同参与为期 4 个月的联合推广活动，为合作伙伴打造宣传推广平台。2011 年，欧莱雅集团将中免公司作为其旅游零售最具潜力合作伙伴；古琦（GUCCI）集团授予中免公司为中国地区唯一免税经销商，并结成

|丨|丨第二篇丨旅行社企业社会责任与报告披露

战略合作伙伴关系,共同研究制定了未来五年的发展规划,承诺将从2012年起陆续进驻大连机场、杭州机场等重要机场免税渠道。与此同时,中免公司与招商银行、携程网等国内知名企业也纷纷开展了合作试点工作,共同打造网络营销渠道,共同提升品牌整体形象,获得了良好的效果。

第三篇 酒店与度假村企业社会责任与报告披露

酒店与休闲度假村又称为宾馆、旅馆、旅店、旅社、商旅、客店、客栈等，其基本定义是提供安全、舒适，令利用者得到短期的休息或睡眠的空间的商业机构。一般说来就是给宾客提供歇宿和饮食的场所。具体地说，酒店与休闲度假村是以它的建筑物为凭借，通过出售客房、餐饮及综合服务设施向客人提供服务，从而获得经济收益的组织。酒店与休闲度假村主要为游客提供住宿服务及生活的服务与设施，如餐饮、游戏、娱乐、购物、商务中心、宴会及会议等设施和服务。

度假村，在国外被称为resort，是指一个用作休闲娱乐的建筑群，通常是由一间独立公司营运，但也有数个集团合作经营的。目的是为了让客人们于假日时可享受他们的假期。度假村内通常设有多项设施以满足客人的需要，如餐饮、住宿、体育活动、娱乐、购物等——具有把客人吸引来的娱乐设施；为外出客人提供住宿、食品、饮料等服务；具有提供充实客人停留时间的活动等功能。一些以度假村为主体的城镇通常又被称为度假村城镇。综上，所谓旅游度假村是人们为接待以各种度假休闲为目的的游客的旅游开发形式。它是独立的经济

第三篇 | 酒店与度假村企业社会责任与报告披露

实体,向旅游者提供旅游产品,并获得经济效益。

根据我国绿色酒店与休闲度假村工作委员会发布的《2010年中国绿色酒店与休闲度假村发展报告》统计,国内的绿色酒店与休闲度假村已达到700多家,其中绝大多数酒店与休闲度假村都在不同环节采取了履行社会责任的措施。此外《旅游酒店与休闲度假村星级的划分与评定》中也凸显了企业社会责任的重要性。

我们采取以下几种方式收集上市酒店与休闲度假村企业披露企业社会责任的情况:一是看年报中是否存在社会责任的信息或附录中是否存在社会责任报告。二是在企业或控股方的官方网站上收集有关于社会责任的信息,包括独立的社会责任报告、社会责任专栏或新闻报道等。三是根据学者研究相关内容的编码在百度和Google上进行查询。

据我们统计,截至2013年底,在最具规模的30家中国酒店与休闲度假村管理公司中,我们选取排名前15位以内的7家上市酒店与休闲度假村企业,分析其社会责任披露情况如下:

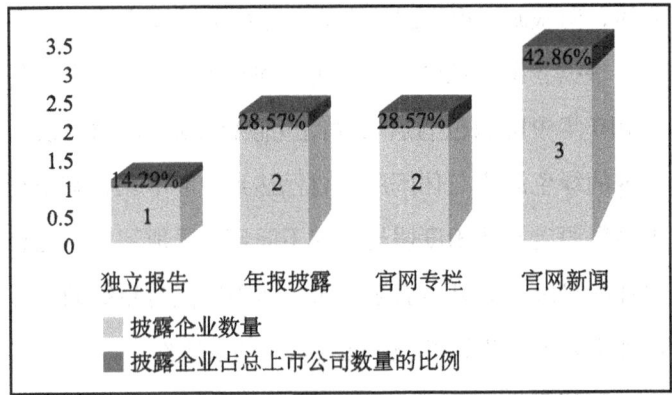

图 3-1 中国上市酒店与休闲度假村企业社会责任披露方式情况

表 3-1 上市酒店与休闲度假村企业的社会责任披露情况

集团名称	总部	酒店与休闲度假村数	企业性质	业务类型	社会责任披露方式			
					独立报告	年报披露	官网专栏	官网新闻
锦江国际酒店与休闲度假村管理有限公司	上海	703	s	m	0	1	0	0
开元酒店与休闲度假村集团	上海	83	ns	f	0	0	0	0
港中旅酒店与休闲度假村有限公司	北京	74	s	m	1	1	1	0

第三篇 | 酒店与度假村企业社会责任与报告披露

续表

集团名称	总部	酒店与休闲度假村数	企业性质	业务类型	社会责任披露方式			
					独立报告	年报披露	官网专栏	官网新闻
首旅建国酒店与休闲度假村管理有限公司	北京	67	s	f	0	0	0	1
碧桂园凤凰国际管理有限公司	佛山	50	ns	f	0	0	0	1
湖南华天国际管理有限公司	长沙	63	s	m	0	0	1	0
粤海（国际）酒店与休闲度假村管理有限公司	香港	41	s	m	0	0	0	1

注：s：国有企业；ns：非国有企业。f：酒店与休闲度假村管理业务为全服务式；m：酒店与休闲度假村管理业务为全服务和有限服务。1：有；0：无。

第四篇 景区与景点企业社会责任与报告披露

旅游景区（tourist attraction），是指具有吸引国内外游客前往游览的、明确的区域场所，能够满足游客游览观光、消遣娱乐、康体健身、求知等旅游需求，应具备相应的旅游服务设施并提供相应旅游服务的独立管理区。

我们对景区与景点相关上市公司进行统计，并对其主要业务范围进行概括，如表4-1所示：

表4-1　我国上市景区景点公司简介

公司简称	简介
华侨城A	作为以旅游业务为主导的大型国有中央企业，华侨城开发了一系列旅游产品，业态覆盖文化主题景区、连锁文化主题公园、旅游度假区、旅游综合体、当代艺术馆群、公众开放空间、创意文化园、儿童职业体验园、星级酒店等
张家界	公司下属主要景点包括十里画廊、德夯、坐龙峡、道吾山、周洛等
西安旅游	主要经营酒店、餐饮、旅游景区、旅行社等，控股西安城墙有限责任公司和洽川风景区有限责任公司
大东海A	公司主要从事大东海景区配套的住宿及饮食业务。大东海位于三亚市的榆林港和鹿回头之间。三亚大东海旅游景区被评为AAAA级景区，成为三亚首家零收费开放式景区，被国家旅游局评为"中国四十佳景"之一

| 第四篇 | 景区与景点企业社会责任与报告披露

续表

公司简称	简介
北京旅游	下辖三个子公司和七家分公司,七家分公司包括北京最古老、在存规模最大的潭柘寺,天下第一大戒台的戒台寺,华北第一仙山妙峰山,北京第一高峰、拥有藏族文化风情的灵山等
峨眉山A	主要从事峨眉山游山门票服务、上山索道和酒店经营以及相应的旅游项目经营。峨眉山是我国首批AAAAA级风景区,基础设施良好,管理水平较高
桂林旅游	主要从事漓江游船客运、旅行社及景区游览业务,掌控漓江游览项目资源
丽江旅游	主营业务主要聚集于三个自然公园,即丽江玉龙、丽江云杉坪和丽江牦牛坪
三特索道	公司目前在陕西华山、海南猴岛、庐山三叠泉等地拥有索道业务,同时在湖北咸丰坪坝营、神农架、海南等地有生态旅游区项目
宋城股份	以"主题公园+文化演艺"为主营模式,成功打造了"宋城"和"千古情"品牌。目前公司在杭州大本营已经打造了杭州宋城旅游区宋城景区、杭州乐园、烂苹果乐园、浪浪水公园四大主题公园,《宋城千古情》等二十大演艺秀;在全国经营三亚宋城旅游区、丽江宋城旅游区、九寨宋城旅游区
黄山旅游	主业包括园林门票、索道、酒店和旅行社等,黄山风景区是目前中国唯一、世界仅有的同时拥有世界文化与自然遗产和世界地质公园三项桂冠的景区

续表

公司简称	简介
中青旅	业务分布广泛,旗下控股乌镇旅游、古北水镇等旅游目的地项目
九龙山	公司于2005年将服装制造资产全部转让给公司日本松冈株式会社,公司主营业务方向已转为九龙山旅游度假区的整体开发,2012年10月19日后,公司主营转为旅游景点综合经营管理、酒店管理、游艇销售、展览、咨询等
大连圣亚	目前拥有大连海底通道水族馆圣亚海洋世界、极地探险旅游景观圣亚极地世界、瓦房店地中海温泉公园、天津国际旅游乐港海洋世界等旅游项目
曲江文旅	公司目前运营大唐芙蓉园、曲江海洋公园、大雁塔景区、唐大慈恩寺遗址公园、曲江池遗址公园、唐城墙遗址公园、寒窑遗址公园、秦二世陵遗址公园等一批主题性公园,拥有西安曲江大雁塔·大唐芙蓉园国家AAAAA级景区
西藏旅游	公司已获准进行雅鲁藏布大峡谷旅游区及国家AAAA级的巴松措旅游区的总体开发与经营,未来公司将继续在阿里沿线进行香客朝拜地等旅游资源的开发

通过对16家景区与景点上市公司2012年度和2013年度的财务报表进行分析,并对年报中的明显的关于社会责任陈述部分进行统计,得出的统计图表见表4-2和图4-1、图4-2:

| 第四篇 | 景区与景点企业社会责任与报告披露

表4-2 16家上市景区与景点公司社会责任的披露位置

公司简称	2012年					2013年				
	董事会报告	重要事项	财务报表附注	社会责任报告	其他	董事会报告	重要事项	财务报表附注	社会责任报告	其他
华侨城A				√					√	
张家界	√					√				
西安旅游	√					√				
大东海A	√									
北京旅游	√					√				
峨眉山A	√					√				
桂林旅游	√									
丽江旅游				√					√	
三特索道	√					√				
宋城股份										
黄山旅游										
中青旅				√					√	
九龙山	√									
大连圣亚	√					√				
曲江文旅	√									
西藏旅游				√						

57

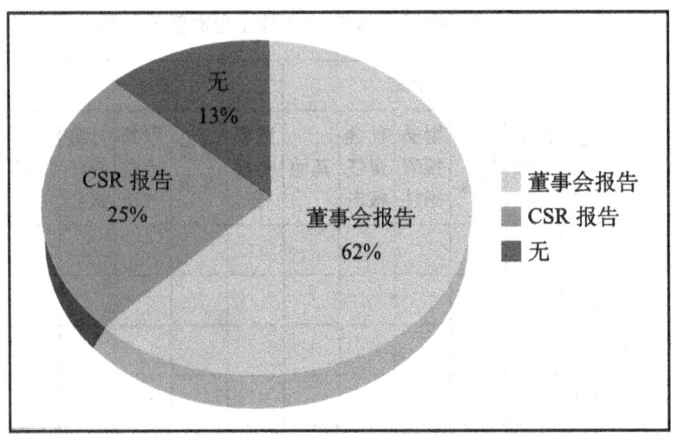

图4-1 2012年中国上市景区与景点公司社会责任披露位置

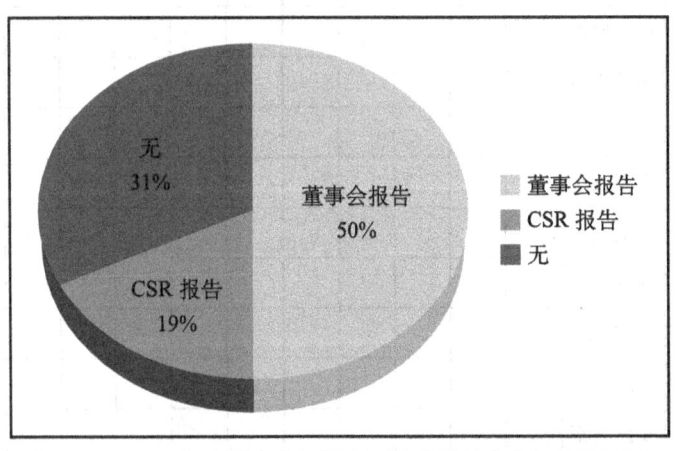

图4-2 2013年中国上市景区与景点公司社会责任披露位置

第四篇 景区与景点企业社会责任与报告披露

16家景区与景点类上市公司中,只有华侨城A、丽江旅游、中青旅、西藏旅游4家公司对公司的社会责任承担情况进行了单独披露,且这4家企业对社会责任的披露连续性较好,华侨城A是所有16家中最早开始披露社会责任报告的上市公司,也是披露情况最为完整的公司;剩余12家中,宋城股份和黄山旅游并没有在年报中对社会责任进行单独披露,披露情况较为糟糕,剩余10家上市公司对企业的社会责任承担情况在年报中进行了单独披露,披露的位置均为董事会报告,披露内容的质量参差不齐,其中九龙山、张家界、曲江文旅的披露情况几近空白,剩余7家的披露状况均在100字至500字之间,对社会责任承担的描述较为笼统,并未进行详细说明。

第五篇 建议与意见

基于前面所述，我国不仅仅旅游企业缺乏相关的企业社会责任报告的体系，即使放眼国内的任何产业其相关的企业责任报告都没有统一和完整的架构。在实践中，国家电网公司、中国工商银行、中国石油股份有限公司等这些行业龙头企业带头发布相应行业内的第一份社会责任报告，这些报告就成为了这个行业的准则和标准体系。但是随后行业内其他具有竞争能力的企业把企业的竞争活动也引入了企业社会责任报告体系，不断更新和创新性地发布自己特色的企业社会责任报告。由此导致利益相关者、社会和政府都无从识别这些报告的内容以及评价报告的效果。基于目前其他产业的社会责任报告出现的问题，结合学界的一些认识与见解，我们对于中国旅游企业社会责任报告的发展与完善提出以下建议：

第一，引入国际认可的旅游企业社会责任报告体系。目前我国拥有的企业社会责任报告体系主要是国资委的《中央企业履行社会责任指导意见》，除此之外就再也没有相关的企业社会责任报告体系和标准。目前联合国标准组织推荐ISO26000作为企业社会责任的标准和体系。关于企业社会责任报告在业界和学界也有各种意见和构

| | | 第五篇 | 建议与意见

想，主流意见认为我国应该出台相关的符合国情的企业社会责任报告体系。我们持有不同的意见和看法。旅游产业与经济是一种全球化的经济业态，在旅游企业社会责任报告体系中更要体现出国际化标准与国际认可、理解的标准。我们看到目前很多学者和研究机构推出了各种各样的旅游企业社会责任的标准、指标和体系，我们暂不认同。这些指标体系不仅复杂、本土化，而且完全基于主观臆测和经验完成。最后报告的结果不仅是使报告的可理解度下降，而且效果也很差。对于社会和利益相关者，不仅看不懂报告的内容，更是无法评判报告的水平。最后的结果就是企业花费巨资出版自己的报告只有自己读得懂，变成了一场自娱自乐的游戏。我们解读目前旅游产业出现的社会问题，比如现在愈演愈烈的对酒店星级评定的诟病，最后归结的问题都是"什么样的责任才是旅游企业的责任"。酒店目前星级评审是业界自己评审自己，而顾客并不认同也无法认同业界自己对自己的星级评审，因为顾客完全不懂得酒店星级评审的制度。因此，我们建议引入大众化的评审体系和制度，大众接受的企业社会责任报告制度——既可以让公众理

解,增加报告的可解读性,也有利于企业未来国际化及与国际制度接轨。我们建议在企业社会责任体系建设初期需要引入国外的旅游企业的社会责任报告体系与标准,这不仅仅有利于旅游企业形象提升,也让旅游企业透明度、顾客的感知度以及社会的包括国际社会的认可度大幅度上升。旅游经济目前发展已经全球化,如果仍然我们自己搞一套,国外搞一套,最后的结果是降低我国旅游经济的竞争力,还要耗费大量的社会资源再实现所谓的标准趋同,例如发生在会计准则、审计准则等需要全球统一的经济准则问题。我们旅游企业应该积极引入国际旅游企业社会责任体系标准,比如迪士尼公园、环球影城等著名企业的经验或者标准——不仅获得国际社会和业界的认可,而且可以促进中国旅游市场融入世界旅游经济。互动学习的过程中凭借中国庞大的旅游市场,还可增强中国旅游企业在世界旅游经济标准体系中的话语权。现代经济和产业发展,全球化是趋势与目标。尽早参与到世界旅游经济活动中,可以尽快提升我国旅游企业与旅游市场的竞争力以及形象。

第二,分旅游企业类型建立企业责任报告体系。基

| | | 第五篇 | 建议与意见

于第一条的原因，我们建议旅游企业根据自己的企业类型，建立与国际相同类型企业一致的企业社会责任报告体系。比如酒店与休闲度假村型企业可以参照迪士尼公园、环球影城等知名企业的社会责任报告体系。酒店类为主的参照万豪和希尔顿的社会责任报告体系。旅行社企业可以参照国外旅行社协会出具的社会责任报告要求。借鉴国际会计准则与企业内部控制报告这两大国际行业准则全球化成功的经验，我们基本上不赞成建立现有一些研究中所谓详细的指标体系或者以所谓统计计量方法建模的方式，这些指标体系与统计方法都是数理逻辑，无法体现客观性也无法适应个性化披露诉求。而我们的企业社会责任报告体系应该在国际认可的框架与范围内完成，同时保留具有自己企业特色的社会责任发布：不仅仅在企业社会责任报告的可理解性和易读性上获得提升，同时也可以获得社会、国际同业与一般民众的认可和客观的评判。

第三，建立与企业社会责任报告相关的公司治理体制。根据前面对于中国上市旅游企业的资料与报告分析，我们发现，尽管很多上市的旅游企业已经把出具企业社会责任报告作为自己公司常态化的经营活动，但是在公司内部都缺乏建立与企业社会责任报告相关的公司治理机制。在国外优秀企业中，企业的社会责任已经成为公司治理结构的重要组成部分。比如美国星巴克企业常态化的社会捐赠与慈善参与，美国零售批发公司COSTCO的慈善与捐赠销售。这些已经融入企业经营的企业社会责任活动需要在企业中有专门的机构管理、协调与组织。这些机构的建立不仅仅是出于企业内部管理的需要，更重要的是，这些机构是企业落实自己的社会责任，并配合企业宣传、公关与运营的重要的专业职能部门。而且，这些机构可以帮助企业在履行社会责任方面提升知名度和认可度，平衡履行社会责任的投入与产出，还能使企业逐渐认识到从事社会责任活动的重要性与必要性。

第四，企业、行业协会、监管部门与研究机构全员参与的企业社会责任报告体系的构建活动。前面我们已经提到对于旅游企业的要求，这里我们主要提出一些对于行业协会和监管部门的建议与想法。在企业社会责任报告体系建设方面，行业协会与监管机构更多的是对旅游企业提出激励与规则上的要求。我们不赞成行业协会

| 第五篇 | 建议与意见

或者监管机构插手旅游企业社会责任报告体系的建设，它们可以提出关于企业社会责任报告的一些监管性要求。比如旅游企业必须定期或定项目地披露社会责任报告，旅游企业有义务就自身企业社会责任报告向利益相关方提供必要的解释以及承担企业社会责任报告中信息的真实性责任与及时性责任。同时监管机构与行业协会对于旅游企业社会责任报告监管方面也要出台相应的惩罚性措施，这些措施也是非行政化的。比如行业协会或者监管机构披露对旅游企业社会责任报告真实性的评判结果，或者定期或者在重大项目方面公布哪些旅游企业没有披露社会责任报告。监管机构与行业协会应充分利用现代媒体沟通方式，如微博、微信等传媒及时通报、发布谴责报告：不仅可以获得大众认可，提升行业监管的社会信任度，而且可对旅游企业施加社会与媒体压力促其积极履行社会责任。借鉴国外成功经验，行业协会或监管机构可以举办旅游企业社会责任年会之类的活动，邀请政府、企业以及研究机构参与，探讨旅游企业以及旅游经济的社会责任话题。这样的活动不仅激励旅游企业更加投入到企业社会责任方面的活动，更是帮助

旅游企业及整个行业提升社会品牌与社会形象。完全独立且来自第三方的行业约束与监管，才能使旅游企业社会责任报告的效力和效果获得整个社会的认可。

综上所述，我们的意见主要集中在两个方面：第一方面，在建立旅游企业社会责任报告体系过程中，国际化与企业特色化结合非常重要，借鉴其他行业国际准则与国际报告统一准则的经验，可以帮助我们在旅游企业中事半功倍地建立企业社会责任报告体系。第二方面，各主体应明确在旅游企业社会责任报告体系建设中各个角色的职责。我们建议企业发挥自己特色，监管机构中立以及学术机构积极参与。政府与监管机构应减少行政化管理与约束的行为，监管手段以社会公众与媒体监督为主，学术机构中立评审为辅。最大程度发挥企业实施企业社会责任报告的主观能动性，不仅帮助企业完善公司治理结构，也有助于推动产业与企业的健康、可持续性的发展，构建和谐的经济社会发展形态。